BEI GRIN MACHT SICH IHR WISSEN BEZAHLT

- Wir veröffentlichen Ihre Hausarbeit,
  Bachelor- und Masterarbeit

- Ihr eigenes eBook und Buch -
  weltweit in allen wichtigen Shops

- Verdienen Sie an jedem Verkauf

Jetzt bei www.GRIN.com hochladen
und kostenlos publizieren

Bibliografische Information der Deutschen Nationalbibliothek:

Die Deutsche Bibliothek verzeichnet diese Publikation in der Deutschen National-
bibliografie; detaillierte bibliografische Daten sind im Internet über http://dnb.d-
nb.de/ abrufbar.

Dieses Werk sowie alle darin enthaltenen einzelnen Beiträge und Abbildungen
sind urheberrechtlich geschützt. Jede Verwertung, die nicht ausdrücklich vom
Urheberrechtsschutz zugelassen ist, bedarf der vorherigen Zustimmung des Verla-
ges. Das gilt insbesondere für Vervielfältigungen, Bearbeitungen, Übersetzungen,
Mikroverfilmungen, Auswertungen durch Datenbanken und für die Einspeicherung
und Verarbeitung in elektronische Systeme. Alle Rechte, auch die des auszugsweisen
Nachdrucks, der fotomechanischen Wiedergabe (einschließlich Mikrokopie) sowie
der Auswertung durch Datenbanken oder ähnliche Einrichtungen, vorbehalten.

Impressum:

Copyright © 2018 GRIN Verlag
Druck und Bindung: Books on Demand GmbH, Norderstedt Germany
ISBN: 9783668697812

Dieses Buch bei GRIN:

https://www.grin.com/document/424418

Jannik Schalin

Einsendeaufgabe zur Trainingslehre

GRIN Verlag

GRIN - Your knowledge has value

Der GRIN Verlag publiziert seit 1998 wissenschaftliche Arbeiten von Studenten, Hochschullehrern und anderen Akademikern als eBook und gedrucktes Buch. Die Verlagswebsite www.grin.com ist die ideale Plattform zur Veröffentlichung von Hausarbeiten, Abschlussarbeiten, wissenschaftlichen Aufsätzen, Dissertationen und Fachbüchern.

Besuchen Sie uns im Internet:

http://www.grin.com/

http://www.facebook.com/grincom

http://www.twitter.com/grin_com

Deutsche Hochschule für

Prävention und Gesundheitsmanagement

Hermann Neuberger Sportschule 3

66123 Saarbrücken

Einsendeaufgabe

Fachmodul:	Trainingslehre 1
Studiengang:	Bachelor of Arts Fitnesstraining
Datum **Präsenzphase:**	12.03.2018 bis 15.03.2018
Name, Vorname:	Schalin, Jannik
Studienort:	**Frankfurt**
Semester:	**WS/17**

Inhaltsverzeichnis

1 Diagnose

Zu Beginn einer jeden Trainingsplanung steht das Eingangsgespräch, gefolgt von einem Cardio-Scan. Mit Hilfe dessen, werden möglichst viele relevante Daten des Kunden gesammelt. Hauptbestandteil des Eingangsgespräches sind die aktuelle Leistungsfähigkeit und der Gesundheitszustand des Kunden. Des Weiteren sind allgemeine Daten (Alter, Geschlecht, etc.) und biometrische Daten (Blutdruck, Körpergewicht und Körperfettgehalt) zu erheben. Wichtige Informationen sind außerdem die Trainingsmotive und Wünsche, aus denen später Ziele generiert werden, das Zeitbudget, um das Training perfekt in den Alltag des Kunden zu integrieren, bekannte Risikofaktoren und eventuelle Einnahme von Medikamenten, um den Kunden keinen Gefahren auszusetzen.

1.1 Allgemeine und biometrische Daten

1.1.1 Allgemeine Daten

Tabelle 1: Allgemeine Daten

Alter	26.04.64 (53J.)
Geschlecht	weiblich
Trainingsmotive	Möchte Übergewicht loswerden
	Hat Verspannungen im Nacken
	Hat Schmerzen im unteren Rücken
	Allgemeine Fitness verbessern
	Mehr Wohlbefinden erlangen
Berufliche Tätigkeit	Sekretärin (überwiegend sitzend)
Aktuelle und frühere sportliche Aktivitäten	Früher oft Schwimmen gewesen
Zeitlicher Verfügungsrahmen/Woche	2-3x in der Woche

1.1.2 Biometrische Daten

Die biometrischen Daten wurden während der Anamnese, durch einen Cardio-Scan erhoben. Bei dem Scan wurden ihr Körpergewicht und der Körperfettgehalt gemessen. Laut den Messergebnissen des Cardio- Scan befindet die Kundin sich mit ihren Gehalt an Körperfett im leicht erhöhten Bereich. Der gemessene Blutdruck ist zudem auch erhöht und befindet sich schon in der arteriellen Hypertonie Stufe 1. Tabelle 2 zeigt eine Übersicht der biometrischen Daten.

Tabelle 2: Biometrische Daten der Kundin

Körpergröße	172cm	
Körpergewicht	79,6kg	
Körperfettgehalt	34,13% / 27,2kg	(optimaler Wert bis 30%)

Bewertungsstufe	Systolischer Blutdruck	Diastolischer Blutdruck
Stufe 1	140mm/Hg	84mm/Hg

Tabelle 3: Blutdruckklassifikation der American Heart Association (modifiziert nach Mancia et al., 2013, S. 1286)

Bewertungsstufen	Systolischer Blutdruck	Diastolischer Blutdruck
Normblutdruck (Normotonie)		
optimal	unter 120mm/Hg	unter 80mm/Hg
normal	unter 130mm/Hg	unter 85mm/Hg
hochnormal	130-139mm/Hg	85-89mm/Hg
Bluthochdruck (arterielle Hypertonie)		
Stufe 1	140-159mm/Hg	90-99mm/Hg
Stufe 2	160-179mm/Hg	100-109mm/Hg
Stufe 3	>180mm/Hg	>110mm/Hg

Tabelle 4: Allgemeine Daten zum Gesundheitszustand

Orthopädische Probleme	LWS-Syndrom, Nackenverspannungen
Internistische Probleme	Bluthochdruck
Einnahme von Medikamenten	Blutdrucksenkende Medikamente (keine Betablocker)

Der Gesundheitszustand der Kundin ist relativ schlecht. Ihr Blutdruck befindet sich im Bereich der arteriellen Hypertonie –Stufe 1, was wahrscheinlich auf ihre falsche Ernährung, ihr Übergewicht und den Bewegungsmangel zurückzuführen ist (Steffel & Lüscher, 2011, S.24). Zudem hat sie Verspannungen im Nacken und leichte Schmerzen im unteren Rücken. Diese Symptome lassen sich auf eine schlechte Haltung bei langem Sitzen und einer schwachen Muskulatur im LWS-Bereich zuordnen. Weiterhin leidet sie unter keinen Krankheiten oder Einschränkungen, die dem Training entgegenwirken könnten. Die Kundin nimmt blutdrucksenkende Medikamente.

1.2 Krafttestung

1.2.1 Begründung der Auswahl des Testverfahrens

Um das optimale Trainingsgewicht zu ermitteln ist es notwendig eine Krafttestung bei der Kundin durchzuführen. Auf Grund ihres Gesundheitszustandes und nicht vorhandenen Trainingserfahrung, ist es nicht zu empfehlen einen 1-RM-Test durchzuführen. Denn bei dem 1-RM-Test wird die maximal erreichbare dynamisch-konzentrische Kraft für eine Wiederholung gemessen. Da bei dieser Methode, dass Trainingsgewicht dementsprechend hoch gewählt werden muss, wirken sehr hohe Belastungen auf den Körper des

Probanden und es besteht bei Trainingsbeginnern ein hohes Verletzungsrisiko. Zudem wird die Motivation des Probanden sehr gefordert. Eine bessere Lösung wäre die Intensitätsbestimmung über das subjektive Empfinden, jedoch belasten sich erfahrungsgemäß weibliche Trainingsbeginner zu gering. Das beste Testverfahren für die Kundin ist, auf Grund ihres Gesundheitszustandes und ihrer Trainingserfahrung, somit der X-RM-Test. Das Ziel des Mehrwiederholungskrafttest ist nicht die Messung des 1-RM, sondern die Ermittlung des maximal zu bewältigenden Gewichtes. So wird zudem die dynamisch-konzentrische Maximalkraft für die Wiederholungszahl getestet, mit der im weiteren Verlauf der Trainingssteuerung auch trainiert werden soll.

1.2.2   Beschreibung des detaillierten Testablaufes

Bevor mit der Testung begonnen werden kann, muss die Kundin sich ausreichend aufwärmen. So bereitet sie ihren Körper nicht nur mit einer zentralen Erwärmung auf die folgende Belastung vor, sondern es finden noch eine Reihe weiterer Mechanismen statt. Zu denen gehört eine schnellere Versorgung mit Stoffwechselprodukten, die Gelenkbelastungsfähigkeit wird erhöht, die Weiterleitung von Reizen wird beschleunigt, die Elastizität nimmt zu und das erreichbare Kraftmaximum steigt an. Nach dem allgemeinen Aufwärmen folgt das lokale Aufwärmen. Hierbei steht im Fokus, die Muskel- und Gelenkstrukturen die bei der folgenden Übung zum Einsatz kommen genügend vorzubereiten. Ein Beispiel für einen Effekt des lokalen Aufwärmens ist vermehrte Synovialflüssigkeitsproduktion der „aufgewärmten" Gelenkstrukturen (Gottlob 2009, S. 145ff).

Nach dem allgemeinen Aufwärmen und den Aufwärmsätzen am Gerät, folgt der erste Testsatz. Die Kundin versucht mit einem vorher bestimmten Gewicht 20 Wiederholungen zu absolvieren. Trainiert wird hierbei mit einer Time under Tension von 80sek, das bedeutet einem 2/0/2 Muster. Dementsprechend wird für die exzentrische Bewegung 2 Sekunden und für die konzentrische Bewegung ebenfalls 2 Sekunden gebraucht. Das Gewicht wird vom Trainer durch eine subjektive Einschätzung der Kundin gewählt. Werden die 20 Wiederholung im Testsatz erreicht, so wird im folgenden Testsatz, nach 1 min. Pause, das Testgewicht nach dem subjektiven Empfinden der Kundin um 5%,10% oder 25% erhöht. Werden beim zweiten Testsatz die 20 Wiederholung gerade so erreicht, hat man das Testergebnis für die absolvierte Übung. Sollte die Kundin die Wiederholungen wieder mit Leichtigkeit oder gar nicht schaffen, führt man einen dritten Testsatz durch und passt die Testgewichte entsprechend an. Die Tab. 5 zeigt den methodischen Ablauf eines X-RM-Tests.

Tabelle 5: Methodischer Ablauf eines Mehrwiederholungskrafttests zur Ermittlung des 12-RM (Testablaufschema nach Zimmer, 1999, S. 45-47)

Mehrwiederholungskrafttest (X-RM-Test)	
1. Schritt	Allgemeines und spezielles Aufwärmen
2. Schritt	1. Testsatz
	- Testgewicht Lat-Zug: Frauen 20%, Männer 30% des Körpergewichtes
	- Testgewicht Bankdrücken: Frauen 30%, Männer 50% des Körpergewichtes
	- Testgewicht Beinpresse: Frauen 100%, Männer 125% des Körpergewichtes

3. Schritt	2. und bei Bedarf 3. Testsatz (nach jeweils 3 min. Pause)
	Steigerung der Gewichtslast um 5%, 10% oder 25% je nach subjektiven Belastungsempfinden des Probanden
4. Schritt	Umsetzung des Testergebnisses in die Trainingsplanung

1.2.3 Testergebnisse

Tabelle 6: Testergebnisse des 20-RM-Tests der Kundin

Übung	Wiederholungen	Testsatz 1	Testsatz 2	Testsatz 3	Testergebnis
Beinpresse horizontal sitzend	20	45kg	55kg	50kg	50kg
Beinbeuger* sitzend	20	19kg	21,5kg	/	21,5kg
Rückenstrecker* sitzend	20	40kg	47kg	/	47kg
Lat-Zug vertikal sitzend	20	12kg	14,5kg	19kg	19kg
Butterfly-reverse sitzend	20	12kg	14,5kg	/	14,5kg
Brustpresse sitzend	20	19kg	21,5kg	/	21,5kg
Crunches*	20	15kg	20kg	17,5kg	17,5kg

*am Gerät

1.2.4 Schlussfolgerung der Krafttestung

Mit den im Krafttest ermittelten Gewichten kann in der weiteren Trainingssteuerung gearbeitet werden und die Kundin in eine Leistungsstufe eingeteilt werden. So bilden die Testergebnisse zum einen, die Grundlage für die Berechnung der Trainingsgewichte im Mesozyklus und zum anderen können sie als Referenzgröße für spätere Erfolge genutzt werden. Wenn nach dem Durchlauf des Makrozyklus mit der Kundin ein erneuter Mehrwiederholungstest durchgeführt wird, können die Ergebnisse verglichen werden und der Kundin so relativ genau aufgezeigt werden wie sehr sie sich verbessert hat. So dient die strukturelle Planung nicht nur als professionelle Trainingssteuerung, sondern motiviert die Kundin auch laufend über ihre Leistungsentwicklungen.

Tabelle 7: Grobraster zur Trainingsplanung nach der ILB-Mehtode (BSA/DHFPG)

Leistungsstufe	Zeitstufe (Monate)	Orga.- Form	Einheiten/ Woche	Übungen/ Muskel	Sätze/ Übung	Intensität In % ILB
Orientierungsstufe	0-1,5	GK	2	1-2	1-2	Gering
Beginner	1,5-6	GK	2	1-2	1-2	50-70%
Geübter	6-12	GK	2-3	1-2	2	60-80%
Fortgeschrittener	>12	GK/Split	3-4	1-3	2-3	70-90%
Leistungstrainierender	>36	GK/Split	3-6	1-4	2-4	80-100%

2 Zielsetzung und Prognose

In der Anamnese zu Beginn der Trainingssteuerung, wurden von der Kundin gewisse Wünsche geäußert. Diese wurden als Trainingsmotive notiert und werden im Folgenden für die Zielsetzung benötigt. Der Kundin ist es besonders wichtig an Körperfett zu verlieren. Da es für sie nicht nur einen gesundheitlichen, sondern auch einen ästhetischen Faktor hat. Zudem beklagte sie Schmerzen im unteren Rücken und häufig verspannte Muskulatur im Nackenbereich. Mit dieser Basis wurden, zusammen mit der Kundin, in der Tab. 7 drei Ziele aus ihren Wünschen generiert.

Tabelle 8: Aus den Trainingsmotiven und dem Gesundheitszustand der Kundin generierte Ziele

Inhalt	Ausmaß	Zeit
Reduzierung des Körperfettgehaltes	5-6kg	~6 Monate
Senkung des Blutdrucks	Systole: 10-15mm/Hg Diastole: 5-10mm/Hg	~3 Monate
Kraftsteigerung	20%	~2 Monate

2.1 Begründung der Ziele

Die Reduzierung des Körperfettgehaltes wurde aus dem Wunsch der Kundin, ihr Übergewicht zu verlieren, abgeleitet. Zudem würde ein geringerer Anteil an Körperfett auch sehr zur allgemeinen Fitness und dem Wohlbefinden beitragen. Während des Makrozyklus wird Kundin mit Hilfe eines Ernährungsplans ihre tägliche Kalorienaufnahme reduzieren, um so jeden Tag ein gewisses Kaloriendefizit aufzuweisen. Da eine Körperfettreduktion von 250-500g pro Woche realistisch ist, werden für die Kundin in den folgenden 6 Monaten 5-6kg Verlust an Körperfett geplant.

Das zweite Ziel, ist die Senkung des Blutdrucks. Da sich die Kundin schon in der arteriellen Hypertonie Stufe 1 befindet. Die Senkung des Blutdrucks geht zu ihrem Vorteil mit der Reduzierung des Körperfettgehaltes einher. So können Studien zufolge, trainierende Personen für jedes Kilogramm Körpergewicht das sie verlieren, ihren systolischen Blutdruck um ca. 3mm/Hg und den diastolischen Blutdruck um ca. 2mm/Hg reduzieren. Da der gemessene Blutdruck der Kundin gerade so in den Bereich der arteriellen Hypertonie Stufe 1 gelangt, ist sie weitestgehend belastbar. Jedoch sollte sich der Blutdruck möglichst bis zum Mesozyklus der Maximalkraft angepasst haben.

Drittes und letztes Ziel ist die Kraftsteigerung. Da die Kundin vermehrt unter Rückenschmerzen, vor allem im Bereich der Lendenwirbelsäule leidet. Ist davon auszugehen, dass durch den Bewegungsmangel und das lange Sitzen auf der Arbeit, ihre Rumpfmuskulatur abgeschwächt ist und somit nicht genügend Stützkraft mehr gewährleistet werden kann. So wird in den folgenden Mikrozyklen auf Trainingsgeräte gesetzt die ihre Rumpfmuskulatur stärken und ihr durch sogenannte Öffnungsmuster zu einer besseren Haltung verhelfen. Angesetzt sind ca. 2 Monate, um die Kraft der Rumpfmuskulatur der Kundin ausreichend zu stärken um vorhandene Schmerzen zu lindern bzw. zu bessern.

3 Trainingsplanung Makrozyklus

Der Makrozyklus ist die langfristigste Trainingsplanung und umfasst im Fitness- und Gesundheitssport in der Regel eine Dauer von sechs Monaten. Er besteht aus mehreren Mesozyklen und kehrt in seiner inhaltlichen, didaktisch-methodischen und belastungsmäßigen Grundstruktur im Trainingsprozess wieder. Das Ziel eines Makrozyklus ist die Herausbildung der komplexen sportlichen Leistungsfähigkeit auf immer höherem Niveau (Schnabel et al., 1997, S.323).

Tabelle 9: Trainingsplanung eines Makrozyklus für die Kundin (Beginner)

	Mesozyklus 1	Mesozyklus 2	Mesozyklus 3	Mesozyklus 4
Zyklusdauer	6 Wochen	6 Wochen	8 Wochen	6 Wochen
Spezifisches Trainingsziel	Kraftausdauer	Übergangs-training	Muskelaufbau-training	Maximalkraft-training
Organisationform	GK/Station	GK/Station	GK/Station	GK/Station
Einheiten/Woche	2	2	2	2
Übungen/Muskelgruppe	1-2	1-2	1-2	1-2
Sätze/Übungen	2	2	2	2
Wiederholungen	20	15	12	6
Satzpausen	45 Sek.	45 Sek.	60 Sek.	90 Sek.
Intensität	50-70% ILB 50/54/58/62/66/70	50-70% ILB 50/54/58/62/66/70	50-70% ILB 50/53/56/59/62/65/68/70	50-70% ILB 50/54/58/62/66/70
Bewegungstempo TuT	80 Sek. 2/0/2	60 Sek. 2/0/2	48 Sek. 2/0/2	24 Sek. 2/0/2

3.1 Begründung der Wahl der übergeordneten Trainingsmethode

Die Individuellen-Leistungsbild-Methode (ILB-Methode) ist für die Kundin und generell Trainingsbeginner im höheren Alter der perfekte Einstieg. Die Belastungsintensität ist zu Beginn relativ gering, da vor jedem Mesozyklus ein X-RM-Test, mit den passenden Wiederholungszahlen durchgeführt wird und die Kundin zunächst nur mit 50% des ILB-Tests (X-RM-Test vor jedem Mesozyklus) trainiert. So wird zu Beginn keine Überbelastung provoziert und die Kundin hat eine strukturelle und übersichtliche Planung der Trainingsgewichte. Die Belastungsintensität steigert sich in den folgenden Wochen, bis am Ende des Mesozyklus 70% des ILB-Tests erreicht ist. So ist eine stätige Progression der Belastung und somit eine stätige Leistungssteigerung der Kundin gesichert. Mit dem folgenden Mesozyklus treffen neue Trainingsreize auf die Kundin und lösen Adaptionen aus. Begonnen wird mit einem umfangreichen Kraftausdauertraining, gefolgt von einer Übergangsphase bei der nur noch 15 Wdh. getätigt werden müssen, bis die Kundin nach 12 Wochen mit dem Muskelaufbautraining beginnt. Abschließend wird sechs Wochen lang die Maximalkraft trainiert bis dieser Makrozyklus beendet ist.

3.2 Begründung der Belastungsparameter

3.2.1 Begründung der Belastungshäufigkeit

Da die Kundin erst mit dem Fitnesstraining begonnen hat, sind noch nicht viele Einheiten pro Woche nötig um eine Kraftsteigerung und weitere Adaptionen auszulösen. Dennoch sollte darauf geachtet werden, dass Trainingsbeginner nicht zu häufig in der Woche zum Training kommen. Denn Beginner sind oft sehr motiviert und trainieren zu viel. Dies hat zur Folge, dass die Adaptionen der Beginner kleiner ausfallen, wenn nicht sogar negativ ausfallen. Laut einer Studie von Wirth, Atzor und Schmidtbleicher (2007) konnte festgestellt werden, dass selbst eine Einheit pro Woche einen signifikanten Muskelmasse-zuwachs hervorgerufen hat. Jedoch wurden durch ein zweites Training deutlich höhere Ergebnisse erzielt. Ein zweiter Grund warum zwei Einheiten pro Woche am besten für die Kundin sind erklärt das Modell der Superkompensation. So kommt es nach einem überschwelligen Trainingsreiz zu einer Ermüdung. Von dieser Ermüdung regeneriert sich der Körper wieder und es kommt zur Superkompensation. Das bedeutet der Körper Erhöht seine Leistungsfähigkeit über das Ausgangsniveau. Vorausgesetzt er hat genügen Zeit zum Regenerieren (P. Hofmann, G. Tschakert, A. Müller, 2017).

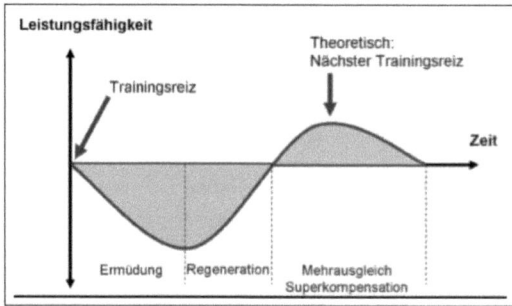

Abbildung 1: Schematischer Verlauf von Belastung, Erholung und positiver Anpassung im Trainingsprozess - Modell der Superkompensation (BSA/DHFPG)

3.2.2 Begründung der Anzahl der Übungen pro Muskelgruppe

Die Anzahl der Übungen pro Muskelgruppe richtet sich nach den Zielen und dem Gesundheitszustand der Kundin. So wird generell ein Ganzkörpertraining absolviert, jedoch auf Muskelgruppen gesetzt die den Gesundheitszustand der Kundin verbessern. Wie im Makrozyklus (Tabelle 9) zu sehen sind ein bis zwei Übungen pro Muskelgruppe geplant. Die Kundin wir also mindestens eine Übung für jede Muskelgruppe erledigen und für die gesundheitlich besonders relevanten noch eine zweite absolvieren.

3.2.3 Begründung der Anzahl der Sätze pro Übung

Die Satzzahlen pro Übungen sind bei der Kundin in allen vier Mesozyklen gleich. Sie absolviert wie im Gesundheitssport üblich, pro Übung immer zwei Sätze. So ist gegeben, dass sie bei allen Übungen für einen trainingswirksamen Reiz sorgt, sie sich aber gleichzeitig nicht überarbeitet.

3.2.4 Begründung der Belastungsdauer

Die Belastungsdauer oder Time under Tension richtet sich nach dem jeweiligen Mesozyklus. Da sich die Kundin eher im Gesundheitssport als im Leistungssport befindet, weicht die Belastungsdauer vom Maximalkrafttraining von der Empfehlung ab. Dem liegt die erhöhte Wiederholungszahl beim Maximalkrafttraining im Gesundheitssport zu Grunde. Die Kundin trainiert mit einem 2/0/2 Muster und benötigt so für jede Wiederholung vier Sekunden.

Empfehlung der Belastungsdauer nach Ehlenz et al. (1998):

Maximalkrafttraining: <15 Sekunden (In der Planung der Kundin: 24 Sekunden)

Muskelaufbautraining: 20-50 Sekunden

Kraftausdauertraining: 50-120 Sekunden

3.2.5 Begründung der Belastungsdichte

Die Satzpausen, die zwischen den einzelnen Sätzen eingelegt werden müssen, richten sich nach dem aktuellen Mesozyklus und dementsprechend der jeweiligen Time under Tension. Eine hohe Wiederholungszahl oder auch Time under Tension mit einer geringen Intensität zieht eine kürzere Pause nach sich als gegenteilig (Güllich und Schmidtbleicher, 1999). Die Pausenzeiten müssen unbedingt eingehalten werden um zum einen, dem Körper genügen Zeit zur Regeneration zur Verfügung zu stellen und zum anderen so kurz gestaltet sein, das die Muskulatur auch ausreichend gefördert wird.

3.2.6 Begründung der Intensität

Die Intensität richtet sich nach der Individuellen-Leistungsbild-Methode und nach den Ergebnissen aus dem Mehrwiederholungstest. Folglich steigert sich die Intensität während jedes Mesozyklus, beginnend bei 50% des ILB-Tests und abschließend werden mit 70% des ILB-Tests trainiert.

3.3 Begründung der Organisationsform

Für die Kundin sind alle Übungen in einem Ganzkörpertraining, in allen Mesozyklen an Stationen organisiert worden. So beginnt die Kundin am ersten Gerät und leistet alle Sätze, mit den Pausen, hintereinander weg an einer Station. Erst dann folgt der Wechsel zum nächsten Gerät. Das Trainieren an Stationen hat den Vorteil, dass die aktuell trainierte Muskelgruppe intensiv belastet wird.

Die Kundin trainiert in einem Ganzkörpertraining. So ist gesichert, dass wöchentlich jede Muskelgruppe zweimal belastet wird und somit ihr volles Potenzial genutzt werden kann. Gleichzeitig bleibt dem Körper immer genügend Regenerationszeit.

3.4 Begründung der Periodisierung

Für die Kundin ist ein Makrozyklus mit einer Länge von 26 Wochen geplant. Da sich, von jedem Mesozyklus zum nächsten, die Wiederholungszahlen verringern und die Intensität erhöht spricht man von einer linearen Periodisierung. Mit dieser Periodisierungsform wird sichergestellt, dass die Muskulatur der Kundin möglichst vielen verschiedenen Reizen ausgesetzt wird. Begonnen wird mit einem Muskelausdauertraining. Dies ist zum einen so gewählt, weil die Kundin noch keine Trainingserfahrung aufweisen kann und deshalb mit geringer Intensität begonnen wird. Außerdem werden damit die Ermüdungsresistenz der Muskulatur trainiert und kardio-vaskuläre Adaptionen hervorgerufen. Der Muskelausdauerzyklus verläuft sechs Wochen. Zwischen Muskelausdauer- und dem Muskelaufbauzyklus befindet sich eine Übergangsphase. In dieser Phase gewöhnt sich die Kundin an die verringerten Wiederholungszahlen und die erhöhte Intensität. Die Übergangsphase verläuft weitere sechs Wochen. Danach folgt der achtwöchige Muskelaufbauzyklus. Dieser hat das Ziel, den Muskelaufbau der Kundin voranzutreiben und unter andrem die Rumpfmuskulatur zu stärken und somit ihre Schmerzen im LWS-Bereich entgegen zu wirken. Der letzte Mesozyklus ist das Maximalkrafttraining. In diesem Zyklus ist die Intensität am höchsten. Durch die hohen Intensitäten wird die Muskulatur zu neuromuskulären Adaptionen gezwungen. Im Gesundheits- und Rehabilitationssport wird auf Grund dessen das Maximalkrafttraining, als neuromukuläres Training bezeichnet (Froböse, Nellessen & Wilke, 2003).

4   Trainingsplanung Mesozyklus

Tabelle 10: Mesozyklus Kraftausdauertraining

Zyklusdauer: 6 Wochen	Leistungsstufe: Beginnerin
Spezifisches Trainingsziel: Kraftausdauertraining	Sätze pro Übung: 2
Trainingseinheiten pro Woche: 2	Satzpausen: 45 Sekunden
Organisationsform: GK/ Stationstraining	Wiederholungszahl: 20
Übungen pro Muskelgruppe: 1-2	Bewegungstempo: 2/0/2 TuT: 80 Sekunden

Der erste Mesozyklus in dem die Kundin trainiert, ist der Kraftausdauerzyklus. Dieser Zyklus hat eine Dauer von sechs Wochen. Während dieser Zeit trainiert die Kundin ihre Kraftausdauer in Form eines Ganzkörper-Stationen-Trainings. Sie wärmt sich allgemein und vor jeder Übung lokal auf und absolviert ein bis zwei Übungen pro Muskelgruppe und zwei Sätze pro Übung. Während jedes Satzes erledigt die Kundin 2o Wiederholung mit einer Time under Tension von 80 Sekunden. Das bedeutet sie hält das Bewegungstempo so schnell, dass sie vier Sekunden für jede Wiederholung benötigt (exzentrisch 2 Sekunden und konzentrisch 2 Sekunden). Nach jedem Satz hält sie eine Regenerationspause von 45 Sekunden.

Tabelle 11: Mesozyklusplanung (Trainingsgewichte den Geräten angepasst)

Übung	Wdh.	ILB-TEST	1. Woche 50% ILB	2. Woche 54% ILB	3. Woche 58% ILB	4. Woche 62% ILB	5. Woche 66% ILB	6. Woche 70% ILB
Beinpresse Sitzend	20	50kg	25kg	27,5kg	30kg	32,5kg	35kg	37,5kg
Beinbeuger* sitzend	20	21,5kg	12kg	12kg	14,5kg	14,5kg	17kg	19kg
Rückenstrecker* Sitzend	20	47kg	26kg	28,5kg	31kg	33kg	35,5kg	38kg
Lat-zug vertikal sitzend	20	19kg	10kg	12kg	12kg	14,5kg	14,5kg	17kg
Butterfly reverse sitzend	20	14,5kg	7,5kg	7,5kg	10kg	10kg	10kg	12kg
Brustpresse sitzend	20	21,5kg	12kg	12kg	14,5kg	14,5kg	17kg	19kg
Crunches*	20	17,5kg	10kg	10kg	12,5kg	12,5kg	15kg	15kg

Am Gerät*

4.1 Begründung der Übungsauswahl

Der Trainingsplan für den ersten Mesozyklus der Kundin beinhaltet eine Auswahl von sieben Übungen. Da es für Trainingsbeginner häufig schwierig ist, sich den Ablauf jeder Übung zu merken, ist es vorteilhaft den Trainingsplan zu Beginn übersichtlich zu gestalten. Die Kundin trainiert ausschließlich an Geräten. Somit wird die Übungsvarianz verringert und eventuellen Fehlern vorgebeugt. Außerdem bieten Geräte eine für die Trainingsmethode passende Progressionsmöglichkeit. Des Weiteren sind Übungen an Geräten durch die geführte Bewegung ideal für Trainingsbeginner. Denn sie sichern das richtige Ausführen der Übung weitestgehend und minimieren das Verletzungsrisiko.

4.1.1 Beinpresse horizontal sitzend

Begonnen wird mit der Beinpresse horizontal sitzend. Diese Übung steht ganz am Anfang, weil sie zu den komplexesten Übungen zählt. In der Beinpresse werden alle Muskelgruppen des unteren Körpers beansprucht und somit viel Energie verbraucht. Die Beinpresse ist im Trainingsplan der Kundin, weil die funktionelle Bewegung die hinter der Beinpresse steckt sehr oft im Alltag vorkommt. Zudem arbeitet die Kundin sehr viel im Sitzen. Dabei sind Hüft- sowie Kniegelenke dauerhaft gebeugt. Die Übung an der

Beinpresse sorgt mit der streckenden Bewegung des Hüft- und Kniegelenkes für ein Öffnungsmuster und bietet so eine willkommene Abwechslung zum Arbeitsalltag. Mit auf der Druckplatt weiter oben positionierten Füßen kann der Kniewinkel verringert werden und somit knieschonend trainiert werden. (Gottlob 2009, S. 385 ff). Außer der Muskulatur im unteren Körper trainiert die Beinpresse auch teilweise den unteren Rücken. Diese Stärkung des unteren Rückens ist eine gute Therapie beim LWS-Syndrom.

4.1.2   Beinbeuger sitzend

Die zweite Übung auf dem Plan ist die Beinbeuger-Maschine sitzend. Bei dieser Übung werden vor allem die Ischiocrurale Muskulatur, also die Rückseite des Oberschenkels trainiert. Die Übung ist mit in den Plan aufgenommen wurden, da die Ischiocrurale Muskulatur nicht nur für die Beugung des Kniegelenkes zuständig ist, sondern auch teilweise die Streckung des Hüftgelenkes vollzieht. So ist der Sinn der Übung für die Kundin ähnlich dem der Beinpresse, die Streckung der Hüfte muss als Abwechslung zum sitzenden Alltag trainiert werden.

4.1.3   Rückenstrecker sitzend

Nach Beintraining folgt das Training der Rückenmuskulatur. Beim Rückenstrecker sitzen, kann isoliert und unabhängig vom eigenen Körpergewicht die Rückenstrecker trainiert werden (Gottlob 2009, S. 231). Interessant für die Kundin ist die Übung aus dem Grund, weil ihre Rumpfmuskulatur durch das lange Sitzen abgeschwächt ist. Mit dieser Übung wird die Rumpfmuskulatur ausreichend beansprucht um vorhandene Schmerzen zu lindern und die Haltung zu verbessern.

4.1.4   Lat-zug vertikal in den Nacken

Die vierte Übung ist die Übung Lat-Zug vertikal mit einer breiten Stange. Diese Übung nicht nur gewählt, weil sie den Latissimus Muskel der Kundin trainiert, sondern eine gute Therapie bei Verspannungen im Nacken darstellt. Während der Übungsausführung werden hauptsächlich Musculus latissimus und der untere Teil des Musculus trapzius (pars ascendens) belastet. Die Belastung des par ascendens sorgt auf Grund der reziproken Hemmung für eine Entspannung des oberen Teils des Trapezmuskels und somit dem Nacken. Bei der reziproken Hemmung handelt es sich um eine Entspannung des Antagonisten bei gleichzeitiger Spannung des Agonisten.

4.1.5   Butterfly-reverse sitzend

Bei der fünften Übung handelt es sich um das Gerät Butterfly-reverse sitzend. Bei dieser Übung werden nicht nur die obere Rückenmuskulatur und die hintere Schultermuskulatur beansprucht, sondern die bei der Übung ausgeführte Bewegung führt zu einem Öffnungsmuster des Oberkörpers. Die Schultern werden langfristig zurückgezogen und die obere Rückenmuskulatur gestärkt. Dies sorgt für eine bessere Haltung und daraus folgend weniger Schmerzen und Verspannungen.

4.1.6 Brustpresse sitzend

Danach folgt das trainieren der Brustmuskulatur. Da für die Kundin ein Ganzkörpertraining vorgesehen ist, muss auch dieser Teil des Körpers trainiert werden. In der Brustpresse werden hauptsächlich der große Brustmuskel, der vordere Anteil des Deltamuskels und der Trizeps trainiert. Mit einer höheren Einstellung der Sitzposition können bei Schulterproblemen Schmerzen umgangen werden.

4.1.7 Crunches

Zu guter Letzt, wird noch die Bauchmuskulatur der Kundin trainiert. Die Bauchmuskulatur ist Teil der Rumpfmuskulatur und stützt somit den Oberkörper. Bei der Übung ist es besonders wichtig die volle Bewegungsamplitude zu trainieren, da durch den hauptsächlich sitzenden Alltag die Bauchmuskulatur schon sehr an Beweglichkeit verloren hat. So hilft ein weites Überstrecken in der Ausgangposition die gerade Bauchmuskulatur zu denen und somit wieder für ein Öffnungsmuster zu sorgen.

5 Literaturrecherche

5.1 Studie 1

	Studie
Autoren	A. Stephan, S. Goebel, D. Schmidtbleicher
Jahr	2011
Versuchspersonen	58 Probanden
Versuchsaufbau	Die Probanden absolvierten über 6 Monate 6-mal monatlich ein halbstündiges maschinengestütztes Krafttraining. Kontrollgruppe 16 Personen Zur Messung von Schmerzen und Beeinträchtigung wurde initial, nach 3 und 6 Monaten die Scherzskalen Pain Severity (PS), Effects of Pain (EP), eine numerische Ratingsskala zur mittleren Schmerzintensität, sowie der Oswestry Index (ODI) eingesetzt.
Schlussfolgerung	Das Krafttraining führte, gemessen an statistischen und klinischen Interpretationsrichtlinien, zu einer relevanten Schmerz- und Beeinträchtigungsreduktion. In der Kontrollgruppe wurden größtenteils nicht-signifikante mittlere Effekte festgestellt. Die konservativ ermittelten Nettoeffekte des Krafttrainings liegen im Erwartungsbereich metaanalytischer Angaben zu körperlichem Training bei chro-

nischem Rückenschmerz. Das Krafttraining erwies
sich damit als eine effiziente Möglichkeit zur Bes-
serung des Beschwerdebildes.

5.2 Studie 2

	Studie
Autoren	J. Hildebrandt, M. Pfingsten, C. Franz, P. Saur, D. Seeger
Jahr	1996
Versuchspersonen	90 vorwiegend arbeitsunfähige Patienten mit Rü-ckenschmerzen (durchschnittliche Arbeitsunfähig-keit 9 Monate)
Versuchsaufbau	Insgesamt 8 Wochen lang wurden die Versuchs-personen ambulant verhaltens- und trainingsthera-peutisch behandelt. Während einer 3wöchigen Vorphase wurden die Patienten dabei mittels Un-terricht und leichten Übungen sowie Muskeldeh-nung auf die eigentliche Behandlung vorbereitet. Das Hauptprogramm bestand aus Aerobic, funkti-onellem Krafttraining, Sport und Spielen, Arbeits-training, Sport und Spielen, Arbeitstraining sowie kognitiver Verhaltenstherapie 7 h täglich über einen Zeitraum von 5 Wochen. Vor und nach dem Programm sowie 6 und 12 Monate später wurden soziale, psychologische, medizinische und funkti-onelle Daten erhoben.
Schlussfolgerung	Von 90 Patienten konnten abschließend 84 (94%) untersucht werden: die funktionellen somatischen Befunde (Beweglichkeit, Kraft, Ausdauer und Hebekraft) verbesserten sich im Durchschnitt am Ende des Programms signifikant. Entsprechend verringerten sich Schmerzstärke, Beeinträchti-gungserleben, Depression, vegetative Symptome, Medikamenteneinnahme und Inanspruchnahme des Gesundheitswesens im Anschluss an das Pro-gramm. 63% der vorher arbeitsunfähigen Patienten

| | kehrten zur Arbeit zurück. Die Ergebnisse bewei-
sen die hohe Effektivität derartiger, in Deutschland
bisher unbekannter oder zumindest nicht durchge-
führter Programme, insbesondere, wenn Ergebnis-
variablen wie Rückkehr zur Arbeit, Arbeitsausfall
oder Inanspruchnahme des Gesundheitswesens als
Kriterien herangezogen werden. |
|---|---|

Die eingefügte Gliederung muss entsprechend der Aufgabenstellung angepasst werden!

Tipp: Gliederungsformate können zeilenweise kopiert und nach Bedarf eingefügt oder gelöscht werden.

6 Literaturverzeichnis

Ehlenz, H. Grosser, M. & Zimmermann, E. (1998). *Krafttraining. Grundlagen Mehtoden Übungen Leistungssteuerung Trainingsprogramme.* (6. Aufl.). München: BLV.

Froböse, I., Nellessen, G. & Wilke, C. (Hrsg.). (2003). *Training in der Therapie. Grundlagen der Praxis* (2. Aufl.). München: Urban & Fischer

Güllich, A. & Schmidtbleicher, D. (1999). *Struktur derKraftfähigkeiten und ihrer Trainingsmethoden.* Deutsche Zeitschrift für Sportmedizin, 50 (7/8), 223-234.

Gottlob, A., (2009), *Differenziertes Krafttraining mit Schwerpunkt Wirbelsäule* (3.Aufl.). München: Urban & Fischer Verlag

Hildebrandt, J. Pfingsten, M., Franz, C., Saur, P. Seeger, D.(1996). *Der Schmerz. Organ der Deutschen Schmerzgesellschaft, der Österreichischen Schmerzgesellschaft und der Schweizerischen Gesellschaft zum Studium des Schmerzes.* Springer Verlag

Hofmann, P., Tschakert, G., Müller, A. (2017) aus. *Kompendium der Sportmedizin. Physiologie, Innere Medizin und Pädiatrie.* Österreich: Springer Verlag

Schnabel, G., Harre, D, & Barde, A. (1997). *Trainingswissenschaft. Leistung, Training Wettkampf.* Berlin: Sportverlag.

Steffel, J., Lüscher, T. F., (2011), *Herz-Kreislauf*. Heidelberg: Springer Verlag

Stephan, A., Goebel, S., Schmidtbleicher, D. (2011). *Effekte maschinengestützten Krafttrainings in der Behandlung chronischen Rückenschmerze*. Deutsche Zeitschrift für Sportmedizin. Abgerufen am 32.03.18 von http://www.zeitschrift-sportmedizin.de/artikel-online/archiv-2011/heft-3/effekte-maschinengestuetzten-krafttrainings-in-der-behandlung-chronischen-rueckenschmerzes/

Wirth, K., Atzor, K. R. & Schmidtbleicher, D. (2007). Veränderung der Muskelmasse in Abhängigkeit von Trainingshäufigkeiten und Leistungsnivau. Deutsche Zeitschrift für Sportmedizin, 58 (6), 178-183.

7 Abbildungs- und Tabellenverzeichnis

7.1 Abbildungsverzeichnis

7.2 Tabellenverzeichnis

BEI GRIN MACHT SICH IHR WISSEN BEZAHLT

- Wir veröffentlichen Ihre Hausarbeit,
  Bachelor- und Masterarbeit

- Ihr eigenes eBook und Buch -
  weltweit in allen wichtigen Shops

- Verdienen Sie an jedem Verkauf

Jetzt bei www.GRIN.com hochladen und kostenlos publizieren